Début d'une série de documents
en couleur

LE
P. POLYCARPE DE MARCIAC

CAPUCIN

NOTICE HISTORIQUE

AVEC UN

DISCOURS DE SA MALADIE ET MORT

PAR

Le P. IGNACE DE FRONTON

(BORDEAUX, 29 OCTOBRE 1606)

Par C. DOUAIS

PROFESSEUR A L'INSTITUT CATHOLIQUE DE TOULOUSE

PARIS

ALPHONSE PICARD, ÉDITEUR

82, rue Bonaparte, 82

1884

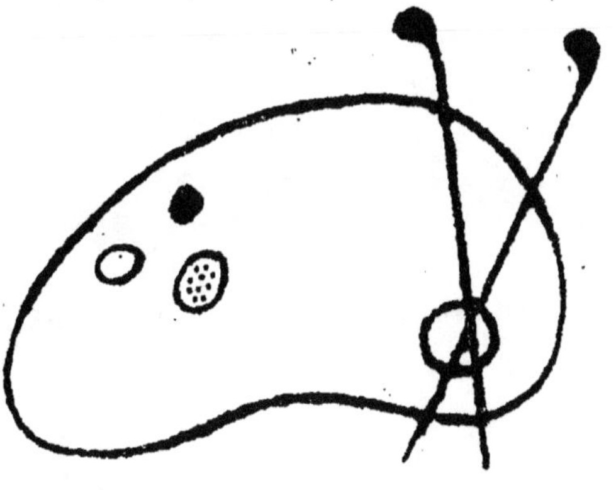

Fin d'une série de documents
en couleur

LE P. POLYCARPE

LE
P. POLYCARPE DE MARCIAC

CAPUCIN

NOTICE HISTORIQUE

AVEC UN

DISCOURS DE SA MALADIE ET MORT

PAR

Le P. IGNACE DE FRONTON

(Bordeaux, 29 octobre 1606)

Par C. DOUAIS

PROFESSEUR A L'INSTITUT CATHOLIQUE DE TOULOUSE

PARIS

ALPHONSE PICARD, ÉDITEUR

82, rue Bonaparte, 82

—

1884

LE P. POLYCARPE DE MARCIAC

CAPUCIN.

Les capucins, qui firent leurs premiers etablissements en France en 1575, à la demande du roi Charles IX (1), ne se fixèrent à Bordeaux qu'en 1601. Je n'ai pas à raconter ici l'histoire de la fondation du couvent de cette ville, désirée et ménagée par le cardinal de Sourdis (2), aidée par le maire et les jurats (3), puisque le P. Polycarpe de Marciac (4), objet de cet article, n'y fut en aucune manière mêlé; et je viens tout de suite à la peste qui éclata dans la seconde quinzaine d'août 1605, et dura tout l'été de l'année 1606, dans la ville de Bordeaux, et pendant laquelle le P. Polycarpe de Marciac montra un si constant dévouement. Dès la première apparition du fléau, en effet, la ville tout entière, on peut le dire, conçut la confiance la plus grande en la charité des nouveaux venus. En 1605, cette confiance se manifesta par la bouche du maréchal d'Ornano, lieutenant-général de Guyenne, et des jurats, et en 1606 par la bouche du cardinal-archevêque, qui prièrent le gardien du couvent de désigner « des religieux pour assister spirituellement les pes-

(1) Le Pape Paul III leur avait défendu, par une bulle de 1537, de s'établir ailleurs qu'en Italie; à la demande de Charles IX, Grégoire XIII leur permit de s'étendre au-delà des Monts.

(2) *Recueil chronologique des choses qui concernent la fondation et le progrez de la province des capucins d'Aquitaine ou de Tolose*, par le P. Gabriel de Saint-Nazaire, page 67. — Arch. de la Haute-Garonne, Fonds H. Fonds des capucins, n° 7, vol. in-f°.

(3) Ibid., p, 69.

(4) Marciac, ch.-l. de cant., arr. de Mirande, Gers.

tiferez (1). » Les capucins s'étaient déjà fait connaître et grandement estimer par leur charité pendant la peste de 1588, de 1589 et de 1590, soit à Toulouse (2), soit à Albi (3), soit à Gaillac (4). Le dévouement dans les malheurs publics était déjà traditionnel chez eux. A Bordeaux, ils n'hésitèrent pas. Ce fut parmi eux, autant cette année que l'année suivante, un pieux et touchant débat de charité, chacun sollicitant l'honneur, la joie, la grâce « d'estre exposé. » Or, l'une et l'autre année, on trouve au nombre des capucins « exposez » le P. Polycarpe de Marciac, mort au service des pestiférés. Ce héros de la charité est peu connu, ou plutôt n'est point connu du tout en dehors des capucins; son souvenir, si précieux cependant, s'est effacé, perdu. Il m'a paru bon de le réveiller du fond des Archives publiques qui seules le conservent : le P. Gabriel de Saint-Nazaire, l'auteur des annales de la province, saluait dans le P. Polycarpe de Marciac « un grand exemple. » C'est cet auteur que je consulterai d'abord (5); je donnerai ensuite le *Discours de la maladie et mort du P. Polycarpe de Marciac,* que le P. Ignace de Fronton, son compagnon pendant la peste de 1606, composa et transcrivit dans les *Mémoires* de la province (6).

(1) *Recueil chronologique,* p. 84.

(2) Ibid., p. 19 et 20.

(3) Ibid., p. 20.

(4) Ibid., p. 20, 21 et 22. Plus tard, pendant la peste de 1629, 1630. 1631 et 1632, et celle de 1652 et 1653, ils se dévouèrent également au service des malades dans la plupart des villes du Languedoc, avec un empressement et une constance étonnants. Ibid. à chacune de ces diverses dates. J'en donnerai prochainement le récit.

(5) Il écrivit les annales de la province à la demande du P. Emmanuel de Béziers, provincial, en 1694. sous ce titre : *Recueil chronologique des choses qui concernent la fondation et le progrez de la province des capucins d'Aquitaine ou de Tolose, contenues dans divers livres, cayers et autres papiers qui sont conservez dans les archives du couvent de Tolose, fait par le commandement du R. P. Emmanuel de Besiers, provincial de la mesme province, en 1694.*

(6) *Memorabilia præcipua provinciæ Aquitaniæ sive Tolosæ fratrum Ordinis Sancti Francisci Capucinorum, piæ posteritati dicata.* — Arch. de la Haute-Garonne, Fonds H. fonds des capucins, nº 1, vol. pet. in-4º. — Ces

I

Le maréchal d'Ornano et le maire de la ville eurent recours, je l'ai déjà dit, à la charité des capucins quand la peste se déclara dans Bordeaux en août 1605. Le P. Raphaël de Fanjeaux (1), gardien du couvent, désigna donc deux religieux pour être appliqués aux soins spirituels des pestiférés : le P. Simon de Rodez, et le P. Polycarpe de Marciac. Le premier, déjà un peu en âge, était un des religieux les plus considérables et les plus connus de la province d'Aquitaine. Sa distinction et son rare mérite l'avaient depuis quinze ans porté aux emplois les plus honorables. Nous le trouvons d'abord maître des novices en 1591 (2), définiteur de la province d'Aquitaine en 1598 (3), enfin successivement gardien de plusieurs couvents, de celui de Béziers en 1593 (4), de celui d'Albi en 1594 (5), en 1595 (6) et en 1598 (7), de celui de Carcassonne en 1599 (8). Il gouverna le couvent de Béziers pendant une passe difficile, au moment où le Parlement, établi dans cette ville, exigeait des capucins, qui s'y refusaient, qu'ils priassent publiquement pour Henri IV, non encore réconcilié avec le saint-

Mémoires écrits en français commencent ainsi : « Au nom de la Tresaincte Trinité, Pere et Fils et Sainct Esprit, et de la Treglorieuse Vierge Marie, et de notre seraphique Pere sainct François. S'ensuit le narré du commencement et progres qu'a eu en ceste province de Tolouse ou d'Aquitaine notre congregation des freres Mineurs, surnommés vulgairement capucins, divisé par chapitres ou annales. »

(1) Fanjeaux, chef-lieu de canton, arrondissement de Castelnaudary, Aude.
(2) *Recueil chronologique*, p. 24.
(3) *Ibid.*, p. 57.
(4) *Ibid.*, p. 31.
(5) *Ibid.*, p. 65.
(6) *Ibid.*, p. 36.
(7) *Ibid.*, p. 41.
(8) *Ibid.*, p. 55.

siège (1); et si dans ses rapports avec le premier président, Pierre d'Auxerre, il montra, ce semble, un esprit un peu étroit et manqua un instant de dignité, on peut dire cependant qu'il ne cessa d'être fort considéré dans l'ordre, auquel, du reste, il fit honneur pendant la peste de 1605.

Le P. Polycarpe de Marciac, désigné pour servir avec lui les pestiférés, n'avait pas comme lui vieilli dans la pratique de la règle. « Jeune prestre et estudiant en théologie (2), » il était dans la ferveur et l'enthousiasme de la jeunesse dans un ordre jeune encore. Il n'avait jusque-là rempli aucune fonction : la première et unique charge qu'il exerça fut de soigner les pestiférés. Il y fit briller sa première flamme, je devrais dire toute sa flamme. Il eut sous les yeux un bon modèle dans le P. Simon de Rodez, son compagnon, son supérieur, et son maître « ez-charité. » Ensemble, ils se dépensèrent avec un zèle parfait. A Bordeaux, ils suivirent probablement les pratiques déjà suivies à Toulouse dans la visite des malades, en 1588. « Ils faisoint la visite des malades de cette manière : ils avoint chacun un homme que la ville leur avoit donné pour les conduire aux maisons des pestiferez et pour faire escarter les gens qu'ils trouvoint dans les rues. Ces hommes passoint devant eux à quelques pas de distance; les peres venoint après, ayant chacun une grande croix de bois à une main et un flambeau allumé de l'autre. Cela faisoit un spectacle en mesme temps touchant et terrible. Ce flambeau estoit, selon le conseil des medecins, pour chasser le mauvais air d'autour d'eux dans les chambres des pestiferez, où ils estoint souvent obligez de demeurer l'espace de deux heures pour confesser les malades et pour retenir leurs testamens, car ils avoint esté autorisez pour cela par le

____

(1) Je raconterai le litige du premier président, Pierre d'Auxerre, et des capucins, dans un travail qui paraîtra sous ce titre : *Capucins et Huguenots dans le Languedoc, sous Henri IV, Louis XIII et Louis XIV.*

(2) *Recueil chronol.*, p. 84.

Parlement (1). » Au premier signe, on voyait le P. Simon de Rodez et le P. Polycarpe de Marciac accourir; et même, sans attendre qu'on les appelât, ils allaient à travers les rues de la ville pour s'offrir aux malades qu'une clochette avertissait de leur secourable passage. Sur un mémoire qu'il en avait vu, le P. Gabriel de Saint-Nazaire prête au maréchal d'Ornano ce mot à Henri IV, qui est le plus beau des éloges. Etant allé à la Cour pendant l'épidémie, le roi lui demanda des nouvelles de Bordeaux : « Sire, s'écria le maréchal, il y a cinquante ans que je fais la guerre; et je n'ay jamais veu les soldats aller au combat avec tant de résolution et de courage que deux pères capucins que j'ay veu aller à la mort quasi certaine en servant les pestiferez (2). » L'un et l'autre allaient, en effet, à la mort. Le P. Simon de Rodez, frappé de la peste, mourut le 27 septembre suivant, en répétant le cri de prière et de confiance, *Jesus, Maria*. Le P. Polycarpe de Marciac, son compagnon, l'assista et l'admira; et c'est le fortifiant souvenir de cette mort sainte qui lui sera bientôt rappelé à l'heure d'un égal combat et d'une semblable victoire (3).

La mort du P. Simon de Rodez laissa dans la ville un immense regret : elle fut un deuil public. Mais elle coïncida avec un premier ralentissement de l'épidémie. Un mois après, à la Toussaint, le mal avait totalement cessé; beaucoup attribuèrent à la mort du P. Simon et à ses prières dans le ciel la fin du fléau (4).

Le P. Polycarpe de Marciac, la quarantaine terminée, rentra au couvent, où il s'enferma avec le souvenir de son compagnon et de son maître. Il n'allait pas tarder à en sortir et à mettre à profit les leçons d'un frère qu'il avait vu si bien se dévouer et si bien mourir.

---

(1) *Recueil chronol.*, p. 19.
(2) *Recueil chronol.*, p. 84.
(3) Voyez plus bas, le *Discours de la vie et mort du P. Polycarpe de Marciac*.
(4) *Recueil chronol.*, p. 85.

II

La peste sévit, en effet, pour la seconde fois, dans la ville de Bordeaux au commencement de l'été de l'année suivante. Le cardinal de Sourdis demanda aux capucins de « s'exposer » encore au soin des malades. Le P. Polycarpe fut le premier à désirer y être employé. A la vérité, il eut à vaincre les protestations vives des étudiants en théologie, au nombre de vingt, qui sollicitaient la faveur de lui être préférés, puisqu'il avait déjà « rempli son tour. » Mais justement, ce furent son expérience et son zèle de l'année précédente qui lui assurèrent l'avantage d'être choisi. Il dut aussi faire cesser les hésitations du provincial de la province d'Aquitaine, le P. Vincent de Piperno, qui, pour ne pas mettre la province dans le péril de perdre ses meilleurs sujets, fut sur le point de ne pas donner suite à la demande du cardinal et à la promesse du P. Gardien faite au premier moment; il avait même écrit déjà « de mettre en usage tous les moyens possibles pour s'excuser auprès de Mgr le Cardinal et de Messieurs de la ville (1). » A cette nouvelle, « le P. Polycarpe, ne pouvant contenir son zèle, part pour venir parler au R. P. provincial; mais il reçoit des ordres à Agen de ne venir pas plus avant. Il escrit de là au R. P. provincial d'une manière si forte qu'il le fait consentir qu'on tiendra la parolle qu'on a donnée à Mgr le Cardinal, et que le P. Polycarpe sera l'un des premiers qui s'exposera (2). » Pour le compagnon à lui donner, le P. provincial décide qu'on demandera au sort de le désigner parmi les religieux du couvent de Bordeaux et des autres couvents, qui se sont offerts avec l'empressement le plus généreux. « Le P. Ignace de Fronton, prédicateur et vicaire du

(1) *Recueil chronol.*, p. 90.
(2) *Recueil chronol.*, p. 90.

couvent de Cadillac (1), court à Bordeaux à dessein d'entrer dans le concours; et le sort tombe sur luy, comme il l'avoit ardemment désiré (2). » Il devient ainsi le compagnon du P. Polycarpe, qui n'a pas subi « le hasard du sort. »

Le P. Ignace de Fronton (3), était plus ancien dans l'ordre que le P. Polycarpe; on peut légitimement l'induire de la fonction de vicaire au couvent de Cadillac qu'il remplissait à cette date. Plus tard, il fut élevé à des charges importantes. Gardien du couvent de Notre-Dame de Grau, près d'Agde (Hérault), en 1610 (4), du couvent de Gimont (Gers) en 1611 (5) et en 1612 (6), fondateur du couvent de Bazas (Gironde) en 1613 (7), gardien de ce couvent en 1614 (8) et en 1615 (9), gardien du couvent de Grenade (Haute-Garonne) en 1616 (10), homme de zèle, prédicateur distingué et capable d'allier les charitables emportements de la parole apostolique et le goût littéraire, comme les quelques pages qu'il nous a laissées le prouvent, il exerça dans la Gascogne, où il passa la plus grande partie de sa vie, une action assez grande; il jouit du plus enviable crédit jusqu'à sa mort, à Lavaur, en 1618 (11). Mais il se recommande à nous surtout par cette circonstance qu'étant au couvent de Toulouse, entre 1606 et 1610, année de son premier gardiennat, il fournit son tribut aux *Mémoires* de la province. Peu de temps après la fin de la peste, il composa le *Discours de la maladie et mort du P. Polycarpe de Marciac*, son

(1) Cadillac, chef-lieu de canton, arrondissement de Bordeaux, Gironde.
(2) *Recueil chronol.*, p. 90.
(3) Fronton, chef-lieu de canton, arrondissement de Toulouse, Haute-Garonne.
(4) *Rec. chronol.*, p. 122.
(5) *Ibid.*, p. 129.
(6) *Ibid.*, p. 133.
(7) *Ibid.*, p. 145.
(8) *Ibid.*, p. 153.
(9) *Ibid.*, p. 158.
(10) *Ibid.*, p. 161.
(11) *Recueil chronol.*, p. 524. A la fin du vol. on trouve, année par année, le nécrologe des capucins de la province d'Aquitaine et de Toulouse.

compagnon, son ami, qu'il appelait avec une sincérité entière « la moitié, voire le tout de [luy] mesme. » C'est à sa collaboration aux *Mémoires* que nous devons de posséder ce *Discours* ou récit qu'il y transcrivit. Le P. Polycarpe de Marciac, disent ces *Mémoires,* « mourut pour vivre avec Dieu le 29ᵉ jour dudict mois [d'octobre], comme il appert par le Discours de sa maladie et mort que son compagnon F. Ignace a escrit et inséré luy mesme en ce lieu (1). » Malgré les longueurs du début, je donne intégralement ici ce récit, « pour ne laisser perdre, comme disait le P. Gabriel de Saint-Nazaire à la fin du XVIIᵉ siècle, aucune des parolles ni des actions dernières de cette âme sainte et afin que ce grand exemple puisse estre utile à ceux qui viendront après nous (2). » Puisse-t-il nous être utile d'abord à nous-mêmes !

DISCOURS DE LA MALADIE ET MORT DU P. POLYCARPE DE MARCIAC.

Pretiosa in conspectu Domini mors sanctorum ejus. [Psal. cxv, 15].

Ny plus ny moins que le sage laboureur tournoiant les terres qu'il a semées et reaversées avec la sueur de son visage, et conjecturant la mort et pourriture des semailles par le germe verdoyant qui pousse dehors et croist à veue d'œil, signe asseuré d'une riche et abondante moysson, s'esjouit grandement en son ame, loue la liberalité du terroir, admire les effects de la nature et se fond en actions de graces vers l'auteur de la mesme nature qui, prodigue de ses faveurs à l'endroit des humains, donne son concours et communique abondamment ses influences aux causes secondes en la production des choses de çà bas : tout de mesme ce souverain agriculteur Jesus-Christ, considerant du siege de sa gloire l'estat de ses fidelles serviteurs avec un ardent desir de les attirer a soy, *oculi mei ad fideles terræ, ut sedeant mecum,* [Psal. c, 6] considerant, dis-je, ce terroir humain, cultivé et reaversé avec le soc de sa croix, baigné et arrousé avec la pluye de

(1) Pag. 40.
(2) *Recueil chronol.,* p. 94.

son sang precieux, donner esperance certaine des fruits de vie eternelle par une mort temporele, d'un repos eternel par de travaux de peu de durée, et d'un parfaict assouvissement de consolations par la privation et l'adieu des voluptés qui meurent aussy tost que naistre; s'esjouyt infiniment, se complait en luy, bastit en luy le verger de ses delices, exerce en luy ses promenades, ne cesse de l'œillader benignement de ses yeux paternels, et prevoiant l'abondance du fruict, projecte comme un autre richard d'agrandir ses greniers celestes pour luy assigner un lieu de repos après le travail du fleau et la faux de la mort : ce grand Dieu faict à la mode d'un pere qui, transpercé du coulteau de douleur pour la mort de son unique enfant ne pouvant vivre sans luy, se plaict à regarder son pourtraict et son image. Car tout de mesme le P[ere] Eternel après la mort de son fils unique se delecte en la consideration de son pourtrait mortifié, et le mesme Jesus-Christ voiant son image l'homme chrestien, surchargé de travaux, mort et sacrifié pour l'amour de luy, estant la similitude cause d'amour, il l'aime; l'aimant, le considère; le considerant, se communique à luy; se communiquant, l'enrichit des tresors de sa gloire. *Pretiosa in conspectu Domini mors sanctorum ejus.*

Ce bon Dieu sçavoit bien quelles vives atteinctes nous devoient donner les apprehensions de la mort. Ce bon pere prevoioit bien les terreurs et les desespoirs qui devoient assaillir nos pauvres ames en ce destroit tant difficile; et pour ce, non content de mourir le beau premier, et par l'aigreur de sa mort adoucir nostre mort, il a voulu de plus fonder sa gloire et ses trophées sur nos douleurs, nous advisant qu'honneur plus grand, service plus aggreable ne luy pouvons-nous rendre, qu'en patissant et mourant pour l'amour de luy. Et certes, s'il est ainsi que l'amour soit l'offrande la plus pretieuse que nous puissions consacrer à sa bonté infinie, et qu'entre plusieurs degrez de cet amour, celuy qui nous force d'endurer et mourir excelle par-dessus les autres, il faut de necessité conclurre que la tribulation et la mort sont ce de plus haut et de plus heroïque qui puisse partir d'une ame chrestienne et vraie imitatrice de son Sauveur. D'où vient que notre bon Dieu s'en glorifie et brave tant, comme nous voions en saint Job, chap. I, [8], où il dict à Satan par maniere de jactance et de bravade: *Numquid considerasti servum meum Job, quod non sit ei similis in terra?* Bref, tout tant de travaux et de douleurs que nous souffrons en ce corps mortel, ce sont autant d'espines qui nous piquent vivement, lesquelles cette sacrée et divine main nous leve et s'en façonne

une couronne espineuse qu'il met sur sa teste à guise d'un myrthe
glorieux ou laurier triomphant : couronne qu'il aime plus que les rois
de la terre leurs couronnes emperlées; couronne qu'il prise plus que
les dames et princesses leurs carcans et joiaux de grand prix. *Pretiosa
in conspectu Domini mors sanctorum ejus.*

C'est la consideration qui m'a tiré à l'admiration de cet excellent
sacrifice que nostre bon frere Policarpe a consacré à son Dieu par sa
mort, mort si heureuse, mort si saincte, mort si pretieuse devant Dieu,
qu'avec raison en pouvons-nous dire : *Pretiosa in conspectu Domini
mors Policarpi ejus.* Aussy desire-je en engraver la memoire sur ce
papier pour l'empreindre puis après dans mon ame, et m'en servir
comme d'un modelle parfait en touttes mes actions, et comme d'un
refrigere gratieux durant l'ardeur de mes ennuis. Et jaçoit que la pureté
de sa vie, l'integrité de ses mœurs, et la bonté de sa nature assès
cogneue d'un chascun me fournissent d'argumens fort probables d'une
heureuse mort, neantmoins estant les signes et tesmoignages de ses
vertus plus apparens, plus brillans et fort particuliers en cet endroit,
je ne puis que je n'en dise quelque chose, laissant après à juger du
reste de la piece par la bonté de l'eschantillon.

Jettant donc les yeux sur les vertus de cete ame religieuse et devote,
et sur les graces qu'elle avoit abondamment puisées au tresor inespui-
sable de celuy qui les eslargit liberalement à ceux qui s'y disposent selon
leurs forces, celle qui me semble signamment estinceller parmi les
autres, est cete faveur seignalée, cete inspiration et advertissement
secret de sa prochaine mort, lequel il me communiqua plus de 15 jours
avant sa cheute, en ces termes : « Mon f[rere], Dieu m'aiant preservé
l'année passée du peril auquel je fus exposé, pour se servir de moi
encore cete-cy avec vous, je pense que je n'evaderai point la mort à
ce coup. » Paroles qui me donnerent autant d'admiration qu'elles
m'estoient nouvelles et non encore proferées par celuy qui, plein de
confiance en Dieu et en ses propres forces et bonne santé, nommee-
ment estant eschappé de ce danger une autre fois, oublieux de soy-
mesme, n'avoit soing que de mon salut. Qui fut cause que je le priai
de chasser loing ces impressions, qui causent souvent plus de mal que
tout autre danger, et qu'il n'eust point de crainte. « Non, non, respondit-il avec un visage gay et fort content, je ne m'esfraie de rien, vous
verrez comme je chanteray, moienant la grace de Dieu, ce beau verset:
Lætatus sum in his quæ dicta sunt mihi, in domum Domini ibimus.
[Psal. cxxi, 1] Quand à moi, je pense que nostre benin et liberal
Seigneur, desirant couronner le labeur et l'ennuy que son serviteur

avoit pris en sa religion et luy voulant faciliter le passage difficile de
la mort, la voulut prevenir de cete secrete revelation. *Minus enim
jacula feriunt quæ prævidentur; et nos tolerabilius mundi mala sus-
cipimus si contra hæc per præscientiæ clypeum munimur*, dit le
docteur saint Gregoire [*Homil.* xxxv, 1].

Le profit qu'il en retira ne fut pas petit, comme je recogneus fort
bien et en ses devis enflammez, et en l'assiduité et ferveur des oraisons
qu'il redoubla, dès lors, jusqu'au seziesme jour après, jour de samedy,
21 d.. .bre 1606; auquel, sur le retour de nos visites, sur le tard, il
me dit qu'il sentoit un commencement de fiebvre et me montra une
gale noire de la grandeur d'une teste d'espingle, environnée d'une
rougeur qui luy naissoit sur l'os de l'espaule gauche, me demandant si
je pensois que ce feut un charbon. Ce que je rejettai aussy loing que
mon opinion en estoit esloignée. Enfin l'heure du souper venue, nous
soupasmes plus d'esprit que de corps, goustant avec un plaisir inexpli-
cable les paroles d'édification et pieté que Dieu faisoit couler de la
bouche de son serviteur, ja destiné à la mort.

Après souper nostre bon Polycarpe, qui avoit tout son interieur
recolligé à penser quels moiens il devoit tenir pour se rendre
vrai imitateur de Jes[us]-C[hrist], qui avant sa mort desira laver
les pieds à ses Apostres, me semond aussy de nous les laver tous
deux. Ce que j'accordai volontiers, de sorte que nous feusmes là
occupés et en devis spirituels et en exercices d'amour et charité
jusques à neuf heures, avec une consolation si grande, avec de ten-
dresses et ressentimens interieurs de charité et d'une mutuelle
affection si admirable, qu'en verité je ne sçache en avoir jamais
senti de semblables.

Nous nous retirons en nos cellules, nous souhaitans reciproquement
un heureux repos, jusques au lendemain matin, jour de dimanche,
que, nous disposans pour aller dire messe à l'hospital selon nostre
coustume, il me tourne monstrer sa plaie, qui, la voiant beaucoup
aggrandie et plus envenimée que la nuict precedente, commençay à
me craindre quelque chose de sinistre. Neantmoins je n'en dis mot
jusques à ce que nous fusmes à l'hospital, où je priay le chirurgien d'y
vouloir un peu adviser. Ce qu'il fit de bon cœur. Et cognoissant aussy
tost que c'estoit un charbon, le voulut dissuader de dire messe; mais
luy ne se descourageant aucunement pour cela, tant s'en faut qu'il y
vouleust entendre qu'il adjousta encore une petite exhortation, laquelle,
quoique d'un stile assés commun et fort proportionné à la simplicité
des escoustans, estoit neantmoins tellement animée d'amour et de

charité qu'il ni avoit parole qui ne portat droit au cœur de ces pauvres affligés tous baignés en larmes.

Cependant son charbon alloit tousjour[s] croissant, et sa douleur se renforçoit de plus en plus. Mais luy invincible aux douleurs ne vouloit encore s'avouer malade, disant tousjour[s] que ce n'estoit rien, que cela passeroit tost; jusqu'au soir du dimanche tirant au lundi, que sa douleur commençant de saper les forces du corps pour fortifier celles de l'esprit, il me confessa librement que son espaule bruloit à petit feu, et qu'il estoit extremement angoissé. O pauvre Polycarpe, voicy un beau subject de se munir de la patience. Vous n'avez encore gousté que le miel et le laict, maintenant voicy le fiel et l'absynthe qui se presente. Les douleurs vous accueilleront si cruellement, les pointes et lancettes de ce venin attaqueront si furieusement ce pauvre corps qu'enfin vous en resterés vaincu sur la place. Mais las! je me trompe, je veux dire vainqueur, puisque l'inferieur seulement peut estre dict vaincu, et que celuy n'est inferieur, dict sainct Augustin, *qui quamvis corpori multa in terra sustineat, corde tamen fixus in cœlo est.*

Je me disposai en cet endroit à l'exhorter à une sainte resignation et patience. Il me respond humbiement : « Mon P[ere], je boirai moienant la grace de Dieu cet hanap avec toutte la resignation qu'il me sera possible, et m'esforcerai de tout mon pouvoir de souffrir patiemment mes douleurs, » adjoustant *Dulcia non meruit qui non gustavit amara.* Icy se presentent les nuicts sans repos, le degoust des viandes, les potions ameres, et les frequens vomissemens. Il passe tout, il reçoit tout sans jetter aucun accent de lamentation, sans donner aucun signe de repugnance.

Nous arrivons au mardy après disner, lorsque, n'aiant peu repaistre le corps, il desira repaistre l'ame de quelque parole spirituelle qu'il me requist. Sur ce je luy demande le subject pour voir ce qu'il me respondroit. Il me respondit en sourriant : « Peut-estre que si je vous le donnois, vous ne diriés rien qui vaille; choisissés-le vous mesme et me consolés un peu. » Lors je commence à l'entretenir sur ces mots : *Misericordia Domini plena est terra* [Psal. xxxii, 5] l'espace d'un quart d'heure; dont il fut plus satisfait que mes paroles ne meritoint pas, et me tint propos de nous confesser l'un l'autre pour la derniere fois. Nous nous separons pour nous y disposer, et m'estant representé à luy quelque temps après il commence sa confession generale avec un sens rassis et posé, avec un discours net, beau et tres bien rangé et si different de ses propos ordinaires touchant la biendisence et belle disposition des termes, que je mettois en doute s'il l'avoit couché par escrit, jusqu'à ce que je m'advisai qu'une ame divinement illuminée mouvoit sa langue après avoir blessé son cœur de mille regrets, qui se manifesterent sur la fin et recollection de sa confession par une effusion de larmes qui coulerent abondamment de ses deux yeux. Je me confesse après luy; et nous estans demandé pardon l'un l'autre avec pleurs et larmes, nous nous jettons entre les bras de nostre bon Pere Jesus-Christ, esperant qu'il ne nous separeroit pas, ains que nous vivrions et mourrions tous deux, *ut qui in vita dilexerant se in morte non essent separati* (1).

Le lendemain mercredy je luy porte le Saint Sacrement, lequel il receut avec une jubilation, un attendrissement interieur, une reverence et humilité si grande que les signes et tesmoignages qu'il en donnoit exterieurement le peuvent mieux faire entendre que moi le dire : notamment lorsque, sentant arriver son espoux et Seigneur Jesus en sa cellule, il fit tant de violence contre le mal qu'il se mit à genoux, les mains joinctes, et les yeux eslevés vers le ciel, posture en laquelle je le trouvai en entrant, dont je fus tout esmerveillé. Il receut son Createur et Sauveur avec l'humilité, charité et devotion que je puis admirer plutost que prononcer. Je le laisse avec la paix de Dieu.

La nuict suivante, sitost que les freres eurent sonné le premier de Matines (car il avoit la discretion de ne m'interrompre point le sommeil, me recommandant tousjours de me bien conserver, singulierement lors que je m'approchois de luy ou que je luy accommodois son charbon) il m'appelle, et m'aiant incontinent devant soy mis la lumiere, il me parle ainsi : « Mon P[ere], deux maux m'ont grandement travaillé cete nuict, l'un provient du charbon qui me brule sans aucun relache, de façon que je cognoi evidemment que je dois mourir; mon charbon croist en descendant vers le tetin; je vivrai jusqu'à ce qu'il atteigne le cœur, qui sera d'icy à 4 ou 5 jours. (Ce qui fut.) L'autre est cause du malin esprit, qui me veut persuader tel cas de nostre confession estre peché mortel. Je vous prie, dit-il, si vous le jugés ainsy, m'en donner une bonne penitence. Helas! qu'au moins mon Dieu ne me damne pas! » Je luy repars que ce seroit trop contraire à la divine bonté qui ne cesse de nous appeler pour nous donner le baiser de paix, *Venite ad me omnes*, etc. [Math. XI, 28], et lui assure que ce n'est

(1) Ces paroles, tirées de l'antienne *Gloriosi principes*, sont une imitation de ce passage de l'Ecriture : *Saül et Jonathas, amabiles et decori in vita sua, in morte quoque non sunt divisi.* II Reg., I, 23.

point peché mortel, et qu'il demeure en repos. « Quoy qu'il soit, me dit-il, je me en reconfesse et vous prie m'en donner l'absolution. » Après laquelle : « Maintenant, je reposerai un peu. Mais je desire recevoir une autre fois mon Dieu. » Ce que je luy promis, et ainsi le laissai fort content et satisfait.

Mais passerai-je bien outre sans m'estonner des stratagemes damnables, des lassets subtils et mortiferes que le diable tend à nos pauvres ames ? Cete ame devote estant si pure comme elle estoit, sortant de fere une confession telle que j'ay dict, s'estant conservée en telle syncerité qu'en conscience je ne sache avoir remarqué en sa confession aucun peché mortel depuis qu'il portoit l'habit de religion : ce neantmoins, cet esprit immonde, cet ennemi des humains le tente, l'assaut, le trouble par ses ambages et contours, faisant d'une mouche un elephant comme l'on dit. Helas ! que sera-ce des mondains envieillis au peché ?

Le lendemain jeudy, au soir, sentant les douleurs plus que jamais, il m'appelle et me les communique me disant qu'il estoit extremement atteinct. « Bien, luy dis-je, mon frere, *dum angustiantur vasa carnis, dilatentur spatia charitatis.* Sçavez-vous pas que l'amour est plus fort que la mort ? — Ha ! mon frere, respondit-il avec un accent animé et embrasé, quand je pense à l'amour de Dieu, je ne sens point de douleur. » Neantmoins son charbon ne luy donnant point de treves ni jour ni nuict, ains croissant tousjours, mesme jusqu'à l'heure de la mort, et faisant un tel degast et combustion de son espaule que le chirurgien, à touttes les fois qu'il le visitoit, y passoit librement les ciseaux sans que le patient en sentit rien, il me rappelle quelque temps après et me parle encore de ses douleurs pensant les alleger en les disant. Sur quoi je lui demande s'il n'estoit point content d'endurer ces travaux pour l'amour de Dieu ? « Ouy, respondit-il avec la vehemence d'esprit ja dicte, et beaucoup davantage. » Quelque autre fois, luy disant par maniere de recreation : « Ouy, mon frere, est-ce ainsy que vous voulés entrer seulet au repos de notre Dieu, me laissant icy parmi les travaux ? — Ha ! mon frere, respondit-il, je tremble de peur que Dieu ne m'appelle de ceste maladie. »

Cependant nous parvenons au vendredy, à dix heures de matin, que, le voiant fort accablé et ses forces ja debilitées, et l'entendant reiterer souvent ces paroles pleines de douceur, *Jesus, Maria,* il me vint en memoire ce que luy-mesme m'avoit dit autrefois du P. Simon, que Dieu absolve, que voulant mourir il repetoit souvent les mesmes mots ; cela m'occasionna de m'haster à luy administrer le saint sacrement de l'Extreme Onction. A quoi il m'aida luy-mesme, respondant et disant son verset à son tour, et receut avec grande devotion ce dernier remede de notre mere l'Eglise.

Le lendemain samedy, notre compagnon F. Fabian se tenant auprès l'entretint l'espace de deux heures ou environ avec de fort belles oraisons, lesquelles il disoit aussy le suivant mot à mot, sans s'inquieter ou impatienter, non plus que s'il eust esté sain, et voiant qu'il en obmettoit une qui luy aggreoit parmy les autres : « Dites moy, dit-il, cete oraison dediée à Notre-Dame qui commence *Obsecro te, Domina,* etc. » Laquelle ils dirent tous deux avec grande consolation. La nuict suivante, environ minuict, il commença d'entonner un air fort plaisant et amical. Or je ne sçay si la force du mal causoit cela, ou bien si son esprit eslevé au ciel commençoit d'entendre la douce musique des Anges qui luy venoient au devant; choses grandes et admirables, mais plus grandes en ai-je à dire encore.

Le dimanche matin jour de son trespas, je me presentay à luy avec quelques paroles de la gloire de Dieu et de la beauté de la Vierge, lesquelles il escoutoit avec un grand silence, tenant les yeux eslevez au ciel. Peu de temps après le tournant exciter avec cete aspiration : « Ha! mon bon frere Polycarpe, quand sera-ce que nous nous embrasserons là-haut en paradis? » Il estendit ses deux bras en haut les yeux eslevés au ciel, et demeura ainsi certain temps. Quelque autre de temps coulé, je luy demande s'il me cognoissoit, s'il ne sçavoit pas que j'estois son compagnon pour confesser les pestiferez. A ces paroles, se ressouvenant de cette grande charité qui le portoit à la mort ja voisine, il tourne les yeux vers le ciel, ne monstrant que le blanc de la prunelle, et se tint en cet estat l'espace de deux *Ave, M[aria]*, finissant avec un soupir entrecouppé et embrasé et me demanda dix messes de Notre-Dame.

Après cela je m'assis auprès de luy, craignant qu'il ne se laissat glisser de la couche, et luy demande permission de dire Laudes, que je commençay tout haut pour retenir sa pensée en quelque bon object. Mais je fus bien estonné lorsque, pensant seulement qu'il m'escouteroit, il commença de prendre sa partie disant à son tour le verset, de sorte que trois heures avant son dernier soupir nous disions tous deux Laudes et Prime du grand office, que la force du mal luy avoit fait quitter dès le second jour qu'il fut frappé.

Après tout cela, je me disposai pour dire messe; et pour ne laisser notre frere seulet nous fismes venir un homme de l'hospital pour demeurer avec luy durant notre messe; lequel il recogneut fort bien et

luy fit tout plein d'interrogations, combien de malades l'on avoit amené
à l'hospital depuis sa maladie, combien de corps l'on avoit ensevely
cete nuict, et plusieurs autres que l'homme nous raconta puis après.
Aiant celebré la messe, je le vien voir, et le trouvant quasi sans pouls
ny mouvement, j'envoye promptement chercher l'hospitalier avec le
chirurgien pour nous aider à l'ensevelir et nettoier la chambre. Cependant, attendant leur venue je luy parle de Nostre Seigneur qu'il escoutoit
fort attentivement, repetant souvent, *Jesus, M[arie], F[rançois]*. Et lorsque je l'invitois de dire quelque chose avec moy, il le faisoit; notamment
lors que je luy presentai le crucifix, il le print à la main avec un petit
soubris disant avec moy : « O bon Jesus, etc. » Nous dismes les
recommandations de l'ame couchées dans le baptistaire. Il s'esforçoit de
[les] dire avec nous, quoi qu'il commençast de begaier, et quant et quant
perdre la parole; laquelle perdue cete ame bienheureuse s'envola un
petit quart d'heure après, et partit de ce corps (sans se tirer ny tour-
menter) pour vivre eternellement en paradis.

Ceux que j'avois envoié chercher arriverent sur les derniers soupirs
de sa vie, fort esbahis de voir un corps si grand mourir si doucement
d'une telle maladie et en la plus forte vigueur de son aage : mais
beaucoup après sa mort ne le voiant aucunement changé ny
dementy, ains retenant les mesmes traicts et quasi les mesmes
couleurs qu'il avoit sain. Neantmoins ils revindrent aussy tost en
eux mesmes, qu'ils en sceurent le moien et l'occasion, qui fut lorsque, renversans la pallasse sur laquelle il mourut, ils trouverent
soubs l'oreiller un cilice fort austere avec une rude et aspre dis-
cipline; dont ils ne pouvoient assés louer Dieu en la vie et mort de
son serviteur.

Voila la mort de votre frere, mon ami; voila les exemples de charité,
de patience, de resignation et autres rares vertus, qu'il cachoit soubs
le manteau d'humilité, maintenant à descouvert. Imités-le, suivés-le
pas à pas; si vous voulés parvenir à la gloire qu'il possede, endossés
la haire, soiés austere comme il estoit. O! mon bon Policarpe, mon
cher compagnon, la moitié, voire le tout de moy-mesme, si quelque
traict de charité vous espoint encore, si vous retenez là-haut quelque
estincelle de l'amour que vous me portiez, je vous conjure par la sou-
venance continuelle que j'ay de vous, par le regret continuel de mon
cœur de me voir separé de vous, qu'il vous plaise vous souvenir de moy,
maintenant que vous estes auprès de ce grand Pharaon, affranchi de
servage, et que je suis encore asservy et lié dans cete mortelle prison.
Secondés nos veux de vos-saintes prieres, tandis que je combats en ce

vallon de larmes. Agreés l'offrande de cet escrit, et le presentés s'il vous plait de ma part à notre bon Dieu pour m'en obtenir une eternelle benediction. Amen (1).

III

Aussitôt après la mort du P. Simon de Rodez, en 1605, le fléau s'était ralenti; de même, la mort du P. Polycarpe de Marciac fut le signal de la fin de l'épidémie : quinze jours passés, il n'y eut plus un seul malade dans Bordeaux, et le P. Ignace de Fronton put rentrer au couvent.

La foi populaire avait attribué aux prières du P. Simon de Rodez la cessation du mal; de même, après la mort du P. Polycarpe de Marciac, « la ville de Bordeaux [eut] la confiance qu'il prioit Dieu au ciel pour elle (2). »

La reconnaissance publique unit ces deux noms dans un même dévouement, une même fin, une même sainteté, une même confiance.

A distance, on s'attache cependant plus au P. Polycarpe qu'au P. Simon, soit que le sacrifice de la vie fait au temps de la jeunesse paraisse avoir plus de prix, soit que le P. Polycarpe semble avoir surpassé le P. Simon dans l'entrain triomphant de sa charité. La mort du P. Simon n'inspire d'autre sentiment que l'admiration; arrivé au terme d'une longue course, il n'avait plus grand'chose à faire encore. Le P. Polycarpe, au contraire, était un jeune religieux d'un grand espoir et que ses supérieurs ménageaient et tenaient à conserver pour l'avenir. Il voyait, en effet, devant lui une longue période de prédications saintes; à lui s'offrait cet avenir que tout homme de cœur désire, faire fort et longtemps le bien. La mort préma-

(1) *Memorabilia*, p. 40-44.
(2) *Recueil chron.*, p. 94.

turée qui le frappa au lendemain de son entrée dans la carrière n'irait pas sans quelque tristesse, laisserait un regret, ou même fournirait un sujet de plainte, si pour Dieu comme pour les hommes, mourir au service de ses frères n'était, après le martyre, la plus grande action qu'il soit possible d'accomplir.

AUCH
IMPR. ET LITH. G. FOIX, RUE BALGUERIE

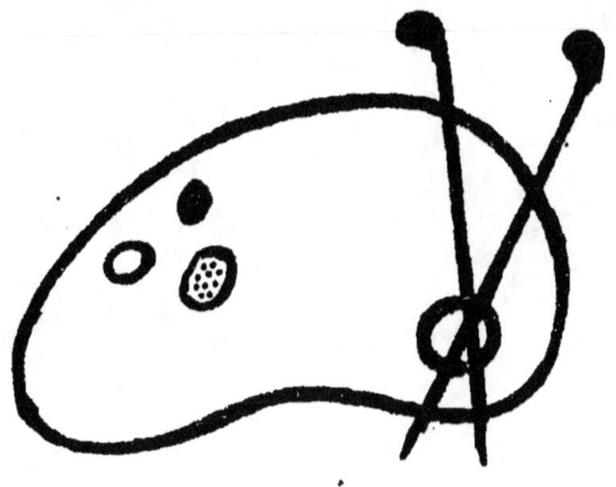

Original en couleur

NF Z 43-120-8